Paul Guiraud

L'Impôt sur le capital à Athènes

Histoire

 Le code de la propriété intellectuelle du 1er juillet 1992 interdit en effet expressément la photocopie à usage collectif sans autorisation des ayants droit. Or, cette pratique s'est généralisée dans les établissements d'enseignement supérieur, provoquant une baisse brutale des achats de livres et de revues, au point que la possibilité même pour les auteurs de créer des œuvres nouvelles et de les faire éditer correctement est aujourd'hui menacée. En application de la loi du 11 mars 1957, il est interdit de reproduire intégralement ou partiellement le présent ouvrage, sur quelque support que ce soit, sans autorisation de l'Éditeur ou du Centre Français d'Exploitation du Droit de Copie , 20, rue Grands Augustins, 75006 Paris.

ISBN : 978-1724810106

10 9 8 7 6 5 4 3 2 1

Paul Guiraud

L'Impôt sur le capital à Athènes

Histoire

Table de Matières

Section I	7
Section II	11
Section III	16
Section IV	27
Section V	32
Notes	38

Section I

L'impôt athénien sur le capital fut, sous sa forme primitive, un impôt sur la propriété foncière. C'est assez l'usage que les peuples débutent ainsi, d'abord parce qu'à l'origine la terre est la source presque unique de la richesse, et, en second lieu, parce qu'une taxe sur la terre est généralement d'une assiette et d'une perception aisée, même pour une administration rudimentaire.

Au sujet de cet impôt, tel que Solon semble l'avoir imaginé vers la fin du VIIe siècle, Böckh a développé un système dont voici les traits essentiels. On déterminait le capital de chacun en multipliant par 12 le chiffre du revenu agricole ; puis on groupait les citoyens en quatre classes censitaires ; la dernière ne payait rien ; les trois autres étaient taxées d'après un tarif uniforme, qui s'appliquait, pour la première, à la totalité du capital, pour la deuxième, aux 5/6e, pour la troisième, aux 5/9e. Cette hypothèse avait obtenu jusqu'ici l'assentiment de tous ; elle a pourtant provoqué depuis peu quelques objections. L'impôt attribué par Böckh à Solon ne convient guère à une société où, comme on l'a dit, « la science des finances était encore dans l'enfance. » On remarquera, en effet, que c'est à la fois un impôt foncier, un impôt progressif et un impôt des classes. De pareilles taxes se rencontrent dans l'histoire ; mais elles n'apparaissent que dans des sociétés où la civilisation est déjà très raffinée et où l'état possède de puissants moyens d'action. Il est donc peu probable que Solon ait accompli une réforme de ce genre. Il faudrait néanmoins l'admettre, si des documents précis l'attestaient. Le malheur est que les textes se taisent tous sur ce point. Il y a dans un grammairien du bas-empire, appelé Pollux, un passage assez obscur d'où l'on peut à la rigueur extraire un système analogue à celui de Böckh. Mais l'auteur ne dit pas que l'impôt dont il parle ait existé dès le temps de Solon ; il dit simplement qu'il existait à Athènes, sans spécifier la date ; et il a pu être d'une origine plus récente. Il est vrai que Plutarque fait remonter jusqu'à Solon les classes censitaires que mentionne Pollux ; mais il n'établit aucun lien entre cette organisation et le mode de répartition de l'impôt. Il ne se contente pas de garder le silence sur ce dernier point ; il explique quel fut l'objet véritable des classes. Le législateur voulut proportionner les droits politiques à la richesse, et les diverses catégories de citoyens ne furent rien de plus que des listes de notabilités analogues à celles de l'an VIII. L'hypothèse de Böckh a donc contre elle la vraisemblance, et elle n'a point pour elle les documents. Il convient dès lors de l'écarter, malgré l'autorité qui s'attache au nom de cet érudit.

En réalité, l'impôt foncier de Solon fut une sorte de dîme. Ce procédé, on le sait, est un des plus anciens qu'on ait inventés pour taxer les propriétaires. Tous les peuples ont passé par là, et il en est même qui n'ont jamais franchi cette première étape. Les Athéniens la traversèrent comme tout le monde. Une contribution de cette espèce offre de grandes commodités de perception. En outre, dans la Grèce primitive, le numéraire était rare, si bien que les prix de fermage se payaient alors en nature. Ce fut pour obéir à la même nécessité que l'on donna à l'impôt la forme d'une dîme prélevée sur les fruits. Cette assertion n'est pas une pure conjecture. Sous les Pisistratides, c'est-à-dire pendant une bonne partie du VIe siècle, le trésor ne fut alimenté que par une dîme de 5 pour 100 sur les produits du sol. Thucydide, qui nous fournit ce renseignement, semble, il est vrai, opposer en cet endroit le régime nouveau au régime antérieur. Mais l'innovation put venir tout aussi bien du fait d'avoir réduit la taxe que du fait de l'avoir créée. « Les tyrans, dit l'historien, s'approprièrent seulement le vingtième des récoltes ; pour tout le reste, ils maintinrent les institutions anciennes, » Ce texte, visiblement, comporte deux sens différents, et l'on a les mêmes raisons de croire que Pisistrate allégea les charges des citoyens, ou qu'il substitua la dîme à quelque autre impôt solonien. J'ajoute que, s'il demanda tout à la dîme, c'est parce qu'elle existait avant lui. Le système fiscal de Solon, tel que le décrit Böckh, eût été beaucoup plus favorable à ses intérêts, puisqu'il exemptait les pauvres, et qu'il permettait, par son tarif à base progressive, de frapper lourdement les riches. Or les tyrans grecs s'appuyaient volontiers sur les classes inférieures, et leur politique était d'ordinaire hostile à l'aristocratie. Pisistrate aurait donc été singulièrement maladroit en détruisant l'œuvre dont on fait honneur à Solon, et en la remplaçant par une dîme strictement proportionnelle au revenu. Si ce dernier impôt fut perçu sous son administration, c'est qu'il le trouva déjà en vigueur. Il se contenta de le diminuer, peut-être de moitié, et d'accorder aux pauvres des immunités individuelles.

Section I

Après la chute de la tyrannie, pendant une période de quatre-vingts ans, il n'est plus question à Athènes d'une contribution foncière. Est-ce à dire que la taxe subsista, et que les auteurs n'ont pas jugé à propos ou n'ont pas eu l'occasion de nous en informer ? La chose assurément n'a rien d'impossible. Il y a pourtant telle circonstance où leur silence, s'il est prémédité, a de quoi surprendre. Au moment de la bataille de Salamine, le trésor était vide, et il fallait beaucoup d'argent. On s'en procura par des expédients fort irréguliers, que Plutarque a soin de relater, et aucun document ne nous dit qu'il ait été levé le moindre impôt direct. C'eût été cependant le cas ou jamais de commencer par là. Si l'on n'y songea pas, c'est apparemment qu'on en avait perdu depuis longtemps l'habitude. La raison en est d'ailleurs facile à deviner. Après les Pisistratides, on s'était mis à exploiter les mines du Laurion. Les profits furent bientôt si considérables que l'état eut des excédents de recettes, et les citoyens se les partagèrent. Une pareille prospérité financière dispensait de rien réclamer aux propriétaires. Aussi est-il probable que la dime fut alors abolie, si elle ne l'avait pas été déjà. Dès le lendemain des guerres médiques, Athènes acquit encore de nouvelles ressources. Pour conjurer toute invasion asiatique, les Grecs eurent l'idée de réunir dans une même confédération la plupart des cités maritimes de l'archipel. Athènes fut placée à la tête de ce vaste empire, et elle y exerça une autorité de plus en plus grande. Elle en arriva bientôt à gérer sans contrôle les fonds de la ligue ; son trésor finit par se confondre avec celui des alliés ; et, d'assez bonne heure, toute distinction disparut entre sas propres revenus et leurs tributs. Or ces tributs, d'abord fixés à 460 talens (2,711,240 francs), atteignirent vers 430 le chiure de 600 talens (3,536,400 francs), et les Athéniens, enrichis par ces subsides annuels, purent constituer une sorte de réserve métallique, qui ne cessa de s'accroître, malgré les dépenses qu'entraînait la politique démocratique de Périclès.

La guerre du Péloponnèse fit succéder la gêne à cette extrême abondance. En 434, il n'y avait pas moins de 57 millions déposés dans les différentes caisses de l'état. Tout cet argent fut vite épuisé, et comme les hostilités furent désormais continues, on n'eut plus la possibilité de réparer à la faveur de la paix les pertes éprouvées pendant la guerre ; le trésor fut bientôt à sec, et il fallut se suffire avec les seules recettes du budget. C'est alors qu'éclata, en 428, la révolte de Mytilène. Cette ville rompit brusquement avec Athènes pour s'allier avec Sparte. Elle donnait par là aux états confédérés un mauvais exemple, qu'il importait de châtier ; de plus, en changeant de parti, elle ajoutait à l'un des deux adversaires tout le supplément de forces qu'elle enlevait à l'autre. Les Athéniens sentirent l'intérêt qu'ils avaient à punir promptement cette défection. Un grand effort était nécessaire pour réduire la cité rebelle. Ils amassèrent de l'argent par trois moyens différents. Ils firent une razzia dans la contrée d'Asie-Mineure qu'arrose le Méandre ; ils pressèrent la rentrée des tributs des alliés ; puis, pour montrer qu'ils savaient au besoin s'imposer à eux-mêmes des sacrifices, ils votèrent, sous le nom d'*eisphora*, une taxe de 200 talens (1,178,800 francs) sur le capital. Ainsi fut rétabli, après une longue interruption, l'impôt direct. Ce ne fut ni en vertu d'une conception théorique, ni par goût des réformes, qu'on imagina cette contribution. Elle fut, comme l'*income-tax* primitif, « une aide pour la continuation de la guerre, » et elle ne dépouilla jamais le caractère qu'elle eut au début.

Il est naturel que l'*eisphora* ait été fréquemment levée tant que dura la lutte contre Sparte. L'énorme accroissement des dépenses, la ruine de l'agriculture, la diminution du commerce, la révolte de presque tous les alliés, mirent les Athéniens dans un tel embarras, qu'ils en vinrent, par une contradiction singulière avec leurs principes, jusqu'à altérer les monnaies. Cette détresse indique assez qu'ils durent souvent taxer les fortunes individuelles, et nous avons la preuve qu'ils le firent en effet. Ils le firent aussi pendant tout le IVe siècle, mais toujours d'une façon accidentelle. On s'étonne qu'ils n'aient pas eu la pensée à cette époque d'inscrire cet impôt parmi les recettes régulières de l'état. Après une vaine tentative pour restaurer cet empire maritime d'où elle tirait jadis de si beaux revenus, Athènes ne put compter désormais que sur elle-même, et, par une fâcheuse coïncidence, il y avait alors un appauvrissement général du pays. On n'avait pas néanmoins le courage de restreindre les dépenses ; on vivait en pleine démocratie, et ce régime d'ordinaire coûte cher. Bien plus, on gaspillait en temps de paix les excédents annuels, et l'on proclamait cette règle que le chapitre essentiel du budget était celui des réjouissances publiques. Des charlatans ou des utopistes s'ingéniaient à découvrir des moyens nouveaux de faire affluer l'argent au trésor ; on lançait des plans admirables de réformes fiscales ; et l'on sait que c'est là le propre d'une société qui a des embarras pécuniaires. On ne voit pas cependant que les Athéniens aient songé à rendre l'*eisphora* permanente. Ce n'est pas qu'ils partageassent sur ce point le préjugé des Romains, et qu'ils crussent déroger à leur dignité de citoyens en acquittant un impôt sur les biens. Peut-être étaient-ils persuadés que la richesse était déjà assez chargée ; peut-être aussi voulaient-ils se ménager, pour les cas urgents, des ressources qu'en temps ordinaire il valait mieux laisser intactes. Quelles qu'aient été leurs raisons, cette taxe ne fut jamais annuelle. Parmi les documents innombrables qui le démontrent, je me bornerai à citer les contrats de bail. On lit dans un de ces actes : « Si un impôt vient à être mis sur l'immeuble, ce sera le propriétaire qui paiera. » Un autre contient ces mots : « Si une *eisphora* vient à être perçue par l'état, elle sera due par le fermier. » La taxe ne fut pas seulement intermittente ; elle eut toujours une destination militaire. Les termes qui désignent la guerre et l'impôt sur le capital sont perpétuellement associés par les écrivains grecs. Ce n'est pas que l'*eisphora* ait été constamment employée pour couvrir les frais d'une expédition contre l'ennemi ; parfois, elle fut quelque peu détournée de cet objet. Le gouvernement des Trente avait contracté un emprunt à Sparte ; après sa chute, les Lacédémoniens exigèrent qu'on les remboursât, et la dette fut éteinte par le moyen d'une *eisphora*. Ce fut encore l'*eisphora* qui fournit plus tard les fonds nécessaires à la réparation de l'arsenal. Mais ces deux exemples n'infirment en rien la règle qui affectait le produit de l'impôt direct, en paix comme en guerre, aux besoins de la défense nationale.

Section II

Cet impôt n'avait pesé d'abord que sur la terre. A partir de 428, il pesa sur l'ensemble de la fortune. Cette différence s'explique par la transformation économique qu'avait subie l'Attique dans l'intervalle. Au début de son histoire, Athènes était une cité continentale et agricole, qui ne tournait pas tout à fait le dos à la mer, mais qui ne la fréquentait guère. L'époque de Pisistrate marque le moment précis où elle devint une puissance commerçante et maritime. Porté au pouvoir par la petite bourgeoisie et par la classe pauvre, ce personnage s'efforça de développer à côté de la richesse foncière, concentrée entre les mains des nobles, la richesse mobilière, plus accessible à tous. Il favorisa le trafic, l'industrie ; il noua des relations avec les contrées voisines ; il ouvrit des débouchés aux produits nationaux ; il inaugura enfin le grand mouvement d'expansion qui fit bientôt d'Athènes la rivale de Corinthe, d'Égine et de Milet. Les guerres modiques et les progrès de l'hégémonie athénienne sur la mer Egée eurent pour effet de la pousser de plus en plus dans cette voie, et le capital agricole du pays ne fut plus qu'une partie, peut-être assez faible, de la fortune publique. Sans doute, les négociants, les manufacturiers, les banquiers surtout, étaient souvent des étrangers domiciliés, mais les citoyens participaient aussi à ce genre de spéculations. Dès lors, l'avoir de tout Athénien aisé se composa à la fois de fonds de terre et de valeurs mobilières. Nous possédons de nombreux inventaires de successions ; presque tous ont ce caractère. Un certain Stratoclès laissa en mourant deux maisons, un domaine rural et 5,000 drachmes de créances. Un autre individu, appelé Ciron, avait une terre, deux maisons de ville et beaucoup d'argent placé à intérêt. Le père de Timarque légua à son fils une maison située derrière l'Acropole, deux fonds de terre, une fabrique de chaussures et des titres sur plusieurs débiteurs. Il serait aisé de multiplier ces exemples, et de montrer que le capital né du commerce ou de l'industrie avait acquis une importance au moins égale, sinon supérieure, à celle du capital foncier. Il eût été absurde que le fisc respectât le premier et ne frappât que le second, alors surtout que le premier donnait en général de plus gros revenus. On n'eut garde de commettre une faute pareille, et, à dater de 428, l'impôt direct atteignit la richesse des citoyens, quelle qu'en fût l'origine et quelle qu'en fût la forme. L'opulent Nicias n'était pas propriétaire foncier, et il avait tous ses intérêts engagés dans les mines du Laurion ; ce qui ne l'empêcha pas de verser au trésor, sous le nom d'*eisphora*, des sommes considérables. L'héritage que Démosthène reçut de son père consistait en biens mobiliers, et il fut néanmoins inscrit sur la liste des plus forts contribuables.

Le grand embarras, quand il s'agit de l'impôt sur le capital, c'est de déterminer la fortune de chacun. D'une part, en effet, les déclarations individuelles sont souvent mensongères, et, d'autre part, la taxation administrative est bien vexatoire. Adam Smith estime que le premier procédé offre peu d'inconvénients « dans une petite république où le peuple a une confiance entière en ses magistrats, où il est convaincu que l'impôt est nécessaire aux besoins de l'état, et croit qu'il sera fidèlement appliqué à son objet. » Cette règle est loin d'être absolue, et jadis à Florence les fraudes étaient très fréquentes, comme elles le sont aujourd'hui dans les cantons suisses. A Athènes, chaque citoyen faisait connaître le chiffre de son actif et l'état de sa récolte annuelle. Les dissimulations, notamment dans le premier cas, n'étaient pas rares. Il y en avait qui, pour se soustraire à toute charge fiscale, réalisaient leurs biens et les convertissaient en argent. Mais leur avarice ne portait aucun préjudice à la cité ; car ce qu'ils vendaient, d'autres l'achetaient, et ceux-ci payaient à leur place. L'abus le plus grave consistait à n'avouer qu'une partie de sa richesse réelle, et nous avons des indices qu'il était assez commun. Isée proclame que le devoir d'un bon citoyen est de fournir des subsides à l'état quand il en a besoin, « et de ne rien cacher de ce qu'on a. » Certains ne se gênaient donc pas pour agir autrement. Le même orateur nous apprend qu'on reprochait à un de ses clients de tenir secret le montant véritable de sa fortune, pour que la cité en profitât le moins possible. L'avocat d'un individu nommé Polystrate le loua un jour du mérite que voici devant les jurés : « Il lui eût été facile d'échapper à l'impôt ; il n'avait pour cela qu'à ne pas dire ce qu'il possédait. Il aima mieux cependant être véridique, pour être dans l'impossibilité de se dérober à l'*eisphora*, si parfois il avait eu la tentation de le faire. »

L'esprit pratique des Athéniens chercha les moyens de de jouer ces manœuvres. D'abord les déclarations des particuliers n'étaient pas acceptées de confiance, et on avait soin d'en vérifier l'exactitude. Pour les propriétés foncières, la difficulté n'était pas grande. Les chefs des districts ruraux qu'on appelait les *dèmes* étaient à cet égard de précieux auxiliaires. On savait à qui chaque parcelle appartenait ; on en connaissait le revenu annuel, par suite la valeur vénale ; enfin, qu'elle fût affermée ou non, qu'elle fût grevée ou libre d'hypothèques, c'était toujours le possesseur en titre qui répondait du paiement de la taxe. Le contrôle était beaucoup plus malaisé pour la propriété mobilière. Dans les sociétés modernes, la perception des droits de mutation et d'enregistrement, la nécessité de recourir aux officiers ministériels pour accomplir certains actes de la vie civile, l'obligation pour les commerçants de tenir des livres où soient consignées toutes leurs opérations, sont autant de ressources dont dispose le fisc, lorsqu'il a quelque intérêt à pénétrer dans le secret des affaires d'un individu. Rien de pareil à Athènes. Les négociants avaient bien des livres, mais ils y notaient ce qu'ils voulaient, et ils n'étaient pas forcés de les communiquer. Les contrats se faisaient tous sous seing-privé, et s'il arrivait que l'on invoquât le concours d'une tierce personne, par exemple d'un banquier, soit pour rédiger, soit pour garder un document de cette nature, cet homme n'était rien de plus qu'un témoin ordinaire, et on ne pouvait pas exiger de lui la production des pièces qu'il avait en dépôt. Enfin l'état n'intervenait dans les actes de transfert de la propriété qu'en cas de vente. La tâche des agents du trésor se compliquait donc de toute la peine qu'ils avaient à recueillir des éléments d'information. S'il y avait contestation entre eux et les contribuables, un procès s'engageait devant le jury, et là les seules preuves légales étaient les témoignages oraux ; les témoins étaient même appelés à garantir l'authenticité des pièces écrites que les parties versaient aux débats.

Je me demande s'il n'y avait pas, en dehors de l'action administrative, une autre manière de constater et de réprimer la fraude. Tout citoyen, à Athènes, avait qualité pour remplir l'office dévolu chez nous au ministère public ; s'il avait connaissance d'un délit, il était libre de le dénoncer et d'en poursuivre le châtiment devant les tribunaux. N'y avait-il pas lieu, pour l'*eisphora*, de procéder de la sorte ? Un homme faisait aux magistrats une déclaration fausse de ses biens ; son voisin le savait ; celui-ci n'était-il pas autorisé à lui intenter de ce chef une accusation ? Je me hâte de dire que nous n'en avons aucun exemple ; mais la conjecture n'est peut-être pas dépourvue de toute vraisemblance, surtout si l'on songe que les débiteurs de l'état, quand ils exagéraient leur pauvreté, étaient souvent traduits en justice par des particuliers. Il y avait quelque parenté entre ce délit et la fraude en matière fiscale, et il est possible que les dénonciations privées aient été admises dans les deux cas. Le plaignant courait des risques personnels, qui le déterminaient parfois à se substituer un homme de paille. Si son adversaire était acquitté à la majorité des quatre cinquièmes des voix, il payait lui-même une amende, et il subissait une légère diminution de ses droits civiques. Si le demandeur triomphait, la déclaration du défendeur était rectifiée, et celui-ci se voyait infliger une amende dont l'autre touchait une part. Dans ces sortes de procès, le jury avait une tendance irrésistible à condamner l'accusé. La petite bourgeoisie qui dominait dans les tribunaux éprouvait à l'égard des capitalistes l'envie habituelle aux pauvres. Elle était de plus fort soucieuse d'assurer au budget des ressources suffisantes, et cela par intérêt personnel autant que par patriotisme, car c'est sur les fonds du budget qu'était prélevée, sous le nom de triobole, l'indemnité journellement allouée aux jurés. On conçoit dès lors l'irritation de ces esprits étroits et vulgaires contre quiconque essayait, par des déclarations volontairement erronées, de diminuer la substance même qui alimentait le trésor. C'était là, à leurs yeux, un larcin dont la société tout entière et dont chacun souffrait, et il était, dans l'espèce, d'autant plus grave qu'il portait sur l'impôt spécialement consacré à la défense du pays. Il y avait à Athènes cette opinion courante que, lorsque l'état se trouvait à court d'argent, il était excusable de s'approprier, fût-ce par des confiscations iniques, les biens des particuliers [1]. On devine par suite quels étaient les sentiments du jury envers tout citoyen soupçonné d'avoir voulu soustraire une partie de sa fortune à la taxe de guerre. Il fallait que l'inculpé eût vingt fois raison pour qu'on ne lui donnât pas tout à fait tort.

De toutes les garanties qu'on avait contre la fraude, la meilleure était encore l'opinion publique. L'attachement des modernes à la patrie n'est pas comparable à celui des anciens. On s'étonne, à première vue, de l'étendue des sacrifices que l'état pouvait imposer à un Grec ou qu'un Grec s'imposait à lui-même pour le service de l'état. Tout se réunissait pour les lui faire accepter : l'amour très ardent qu'inspirait le sol natal, la vanité, le désir de renchérir sur les générosités d'autrui, le goût de la popularité, la conviction que le zèle à remplir les devoirs civiques était la sauvegarde de la sécurité extérieure et par conséquent des intérêts de chacun. Da là cette idée qu'il fallait se soumettre bravement à toutes les exigences fiscales de l'état, et même lui fournir plus qu'il ne demandait. On était moralement tenu de dépasser ici la mesure de ses obligations, et l'on savait presque mauvais gré à ceux qui faisaient simplement le nécessaire. « J'ai supporté les charges qui m'étaient prescrites, disait un individu aux jurés, avec plus d'entrain que je n'y étais forcé. » — « Dans mon privé, disait un autre, je suis économe ; je suis plus heureux de dépenser pour vous que d'amasser pour moi. » Un Athénien se vante, dans un discours d'Isée, de toucher le moins possible à ses revenus, et de les réserver pour les besoins de la cité. Quand même ce ne serait là que des paroles en l'air, ces textes auraient néanmoins de la valeur comme indice du sentiment général, puisque de tels arguments étaient invoqués devant les juges. Mais il y a plus ; dans la réalité, les choses se passaient vraiment de la sorte. Les libéralités des riches envers l'état n'étaient point rares à Athènes, et elles se produisaient sous toutes les formes : dons d'argent, de navires, d'armes de guerre, distributions de blé, prestations onéreuses. Il arrivait même parfois qu'un décret du peuple ouvrit une souscription nationale. Un fait de ce genre eut lieu dans une circonstance où l'on devait pourvoir a au salut de la cité et à la garde du territoire. » On fixa le minimum et le maximum des cotisations ; la pierre où furent gravés les noms, bien qu'elle soit mutilée, n'en contient pas moins de cent seize ; presque tous versèrent le maximum, c'est-à-dire 200 drachmes (196 fr.) [2]. Si les Athéniens montraient ce désintéressement dans les cas où il n'était point obligatoire, j'en conclus qu'ils avaient peut-être quelque scrupule à tromper les agents de l'*eisphora*, et que la fraude était moins grande qu'on ne s'y attendrait de la part d'un peuple chez qui l'habileté se confondait trop souvent avec la fourberie.

Section III

Quand on connaissait, d'une façon plus ou moins exacte, le capital de chaque citoyen, il restait à fixer sa part d'impôt. Il convient, à ce propos, de distinguer deux périodes, séparées par l'année 378.

Si l'on prenait au pied de la lettre une expression du grammairien Pollux, il y aurait eu dans la première trois catégories de contribuables, payant respectivement un talent (5,894 fr.), un demi-talent et un sixième de talent. Mais, ou bien cet auteur s'est trompé, ou bien on entend mal sa phrase. En effet, tous les citoyens qui récoltaient 500 mesures de grains ou de vin figuraient dans la première classe. Or, un Athénien de cette classe, dont le domaine consistait moitié en vignes, moitié en champs de blé, ne pouvait pas, en vendant ses produits au prix courant, avoir un revenu supérieur à 2,000 drachmes (1,960 fr.), et il serait insensé de croire que le fisc lui ait jamais réclamé d'un seul coup trois fois son revenu. Les chiffres de Pollux sont donc des chiffres de fortune et non des chiffres d'impôt. Représentent-ils du moins le revenu annuel des particuliers ? C'est encore peu probable. Ce talent, ce demi-talent, ce sixième de talent dont il est question ici, sont qualifiés par le mot *timèma*. Or, ce terme désigne toujours, dans la langue grecque, un capital, et les auteurs l'opposent volontiers à celui qui désigne le revenu. Chaque Athénien avait son *timèma* officiellement constaté par l'autorité publique, et on appelait ainsi, non pas son revenu, mais sa fortune, puisque, pour l'établir, on faisait entrer en ligne de compte la valeur vénale des esclaves.

Les citoyens étaient donc groupés en plusieurs classes d'après leur capital. Mais, avant 378, on partait du revenu pour déterminer le capital. La plus haute classe comprenait les *pentacosiomédimnes*, qui tiraient de leurs domaines un minimum de 500 mesures [3] ; la deuxième, les *cavaliers*, c'est-à-dire ceux qui étaient assez riches pour se livrer à l'élevage des chevaux ; la troisième, les *zeugites*, qui avaient un attelage de bœufs ; enfin, on entassait dans la quatrième tous les pauvres sous le nom de *thètes*. Le revenu le plus bas des trois premiers était de 500, 300 et 150 mesures [4]. Pour passer de là au capital, on commençait, dans le système de Böckh, par attribuer à la mesure de grain ou de vin la valeur d'une drachme ; puis on multipliait les sommes de 500, 300, 150 drachmes ainsi obtenues, par 12, taux de capitalisation de la rente foncière à Athènes [5], et il en résultait que le capital de la première classe était de 6,000 drachmes, ou un talent ; celui de la deuxième, de 3,600 drachmes ; celui de la troisième, de 1,800 drachmes. Mais, quand on avait à percevoir l'*eisphora*, on distinguait le capital réel et le capital imposable. Ce dernier, égal au premier pour les pentacosiomédimnes, se réduisait à 3,000 drachmes ou un demi-talent pour les cavaliers, et à 1,000 drachmes ou un sixième détalent pour les zeugites. Le tableau ci-dessous, que j'emprunte à l'ouvrage de Böckh, rendra plus claires toutes ces combinaisons :

	Revenu annuel	Taux de capitalisation	Capital réel	Capital imposable
Ire classe	500 drachmes	12	6,000 drachmes	6,000 drachmes ou 1 talent
IIe classe	300 —	12	3,600 —	3,000 drachmes ou 1/2 talent
IIIe classe	150 —	12	1,800 —	1,000 drachmes ou 1/6 de talent

Elles n'ont qu'un défaut, c'est d'être quelque peu arbitraires. Il se peut qu'à l'époque de Solon la mesure d'orge ou de vin se soit vendue 1 drachme, comme l'affirme Plutarque. Mais à la fin du Ve siècle et au début du IVe, il n'en était plus de même. Le prix habituel de l'orge était alors de 2 drachmes, et il serait singulier qu'en 428, lorsqu'on organisa l'assiette de l'*eisphora*, on se fût référé aux prix du temps de Solon. Ce serait aussi absurde que si, de nos jours, l'administration des contributions directes se guidait d'après les mercuriales du règne de Louis XV. En second lieu, Böckh raisonne comme s'il était démontré que les chiffres de Pollux expriment le revenu net des divers propriétaires ; or la preuve, de cette assertion est encore à faire.

Un professeur de l'université de Rome, M. Beloch, dans un travail récent, paraît avoir serré la vérité de plus près, et son hypothèse, légèrement modifiée, est assez plausible. Puisque le prix du grain était de 2 drachmes environ, le revenu brut des citoyens de la première classe atteignait au moins 1,000 drachmes. Il devait même être plus fort, car il y avait probablement dans toute exploitation rurale des vignes et des plants d'olivier dont le rendement était plus élevé. Nous admettrons donc une majoration d'un tiers, et nous arrêterons à 1,500 drachmes le revenu approximatif des pentacosiomédimnes. La valeur des terres se calcule toujours d'après le revenu net, et non d'après le revenu brut. Quel était, en [6] Attique, le rapport entre l'un et l'autre ? Aucun témoignage ancien ne nous le laisse apercevoir. M. Beloch incline à croire qu'il était de 50 pour 100. Je crains que cette opinion ne soit inexacte. En France, les frais de culture, d'impôt, d'amortissement absorbent des trois quarts aux quatre cinquièmes du produit brut. J'estime qu'ils n'étaient pas sensiblement inférieurs en Attique, où l'on pratiquait le système intensif, et où les principes d'une bonne agronomie n'étaient pas ignorés [7]. Abaissons-les toutefois à 10 pour 100. Il s'ensuit qu'un pentacosiomédimne avait un revenu net de 500 drachmes, qui, à 8 pour 100 comme taux de capitalisation, équivaut à un capital de 6,000 drachmes ou 1 talent. Un calcul analogue permettrait d'assigner à la deuxième classe un capital de 3,600 drachmes, et à la troisième un capital de 1,800 drachmes, sauf réduction de ces deux chiffres à 3,000 et à 1,000 drachmes, en cas d'*eisphora*.

La question de savoir par quel procédé on allait du revenu brut de la terre au capital foncier est, en somme, accessoire. L'essentiel ici est le point de départ et le point d'arrivée, et il importe assez peu qu'on ait pris telle ou telle voie. Quand on eut ainsi posé la règle qui servit à répartir les propriétaires entre les classes, on l'appliqua à ceux dont la fortune était mobilière, et l'on assimila l'une à l'autre ces deux échelles de censitaires. Tout capitaliste qui possédait un talent fut rangé parmi les pentacosiomédimnes, même s'il n'avait pas un pouce de terre au soleil. On fit de même pour les citoyens qui étaient moins riches, si bien que l'assiette de l'impôt dans les deux cas fut identique. Il y eut pourtant cette différence que les propriétaires déclaraient, selon toute apparence, leur revenu, tandis que les autres déclaraient leur fortune. De plus, on ne voit pas nettement si, pour ces derniers, on faisait aussi une distinction entre le capital imposable et le capital réel. D'ailleurs, le taux de l'impôt, c'est-à-dire la proportion entre le chiffre de l'impôt et le capital imposable, était le même pour tous ; il variait seulement d'après les besoins du trésor.

On aurait tort de se figurer que l'*eisphora* eût rien de commun avec cette espèce de capitation graduée qui, en Allemagne, a reçu le nom de *Klassensteuer*. Les citoyens d'une même classe n'étaient pas assujettis à la même taxe ; chacun payait suivant sa richesse personnelle. Lysias signale un individu qui, à trois ou quatre ans de distance, versa d'abord un demi-talent de contributions, puis deux tiers de talent. Cet homme était évidemment un pentacosiomédimne, et tous les Athéniens de cette classe acquittèrent l'une et l'autre taxe, si véritablement l'*eisphora* était un impôt des classes. Or est-il vraisemblable qu'un propriétaire dont la récolte pouvait n'être que de 500 mesures et le revenu brut de 2,000 à 1,500 drachmes, ait été condamné à en abandonner une fois 4,000 à l'état ? Mais alors, dira-t-on, pourquoi cette création de classes censitaires ? J'imagine qu'elle avait surtout pour but de faciliter la fixation du capital imposable. C'eût été une opération fort compliquée que de faire un pareil travail pour chaque contribuable isolement. On simplifia les choses, en décidant que les fortunes d'un talent et au-dessus seraient taxées dans leur totalité ; que, de 1 talent à 3,600 drachmes, on en taxerait les cinq sixièmes, et de 3,600 drachmes à 1,800, les cinq neuvièmes. Quant aux thètes, on leur accorda une entière immunité. On devine sans peine les arguments qui furent invoqués en leur faveur. L'impôt sur le capital n'est équitable, et par conséquent tolérable, que s'il n'ôte pas à l'homme les moyens de vivre. De là vient que dans toute société où existe une taxe, soit sur la fortune, soit sur le revenu, on a soin d'épargner l'un ou l'autre, jusqu'à concurrence de la somme jugée indispensable à la vie. Cet usage n'est point propre aux états démocratiques ; il est de tous les temps et de tous les pays. A Zurich, tout revenu de 500 francs échappe à l'impôt. A Lucerne et à Schwyz, on dispense de la taxe « l'avoir total de tout particulier, quand il ne dépasse pas 1,000 fr. » A Glaris, ce chiffre est porté à 3,000 francs, et même, pour les veuves et les orphelins, à 10,000. En Angleterre, l'*income-tax* n'atteint que les revenus supérieurs à 3,750 francs. En Prusse, le nombre des personnes exonérées de l'impôt des classes, lequel est fondé sur le revenu, s'élève à 21 millions. A New-York, pour une population de 927,000 habitants en 1870, 20,000 payaient l'impôt sur le capital. En 1884, une loi a introduit dans le grand-duché de Bade l'impôt sur le revenu ; elle ne touche qu'aux revenus de 625 francs et au-dessus. Le point délicat, en ces matières, est de garder la mesure exacte qui sépare un dégrèvement d'une libéralité. Or, il semble qu'elle fût observée à Athènes. 1,800 drachmes, au taux ordinaire de 12 pour 100, équivalent à un revenu de 216 drachmes (211 fr.), et l'on avouera que c'était bien peu, même en Attique, pour un homme seul, à plus forte raison pour une famille. Au reste, les thètes rachetaient leur privilège fiscal par la perte de certains droits politiques.

L'écart entre le capital imposable et le capital réel de la seconde et de la troisième classe donnait à l'*eisphora* le caractère d'un impôt progressif. On a essayé pourtant de soutenir le contraire. On a dit que, si les cavaliers furent inscrits au cens pour 3,000 drachmes, au lieu de 3,600, et les zeugites pour 1,000, au lieu de 1,800, ce ne fut pas afin d'alléger leur fardeau normal, ce fut plutôt pour des raisons qui n'avaient rien de politique ni de financier. A Athènes, comme dans la plupart des états anciens, les charges militaires n'étaient pas égales pour tous. Les thètes ne servaient que dans l'infanterie légère et sur la flotte. La lourde infanterie des hoplites, qui constituait la principale force de l'armée, se recrutait exclusivement parmi les zeugites. Quant à la cavalerie, elle était réservée aux riches. Or, en 428, au moment où l'on établit l'*eisphora*, la guerre du Péloponnèse était dans tout son plein. On fut donc amené, lorsqu'on détermina le cens minimum de chaque classe, à tenir compte des intérêts de la défense nationale ; et, comme on voulait -qu'il y eût le plus d'hommes possible en situation de devenir soldats, on abaissa arbitrairement les chiffres qui marquaient, pour ainsi dire, l'étiage de l'infanterie et de la cavalerie. Cette conjecture de M. Beloch est assez singulière. Pourquoi les Athéniens auraient-ils pris un pareil détour ? N'était-il pas beaucoup plus naturel d'abaisser les chiffres qui indiquaient les revenus mêmes des classes, et de déclarer, par exemple, qu'un propriétaire à 100 mesures, et non pas à 150, serait zeugite ? L'écart que nous constatons a eu certainement pour cause le désir de soulager un peu les fortunes moyennes, et il ne faut pas s'en étonner, car les taxes analogues à l'*eisphora* se présentent presque toujours sous cet aspect. Je me contenterai de citer le grand-duché de Bade, où, en vertu d'une loi toute récente, le revenu imposable s'éloigne davantage du revenu réel, chaque fois qu'on descend d'un degré dans la hiérarchie sociale [8].

Des modifications sérieuses furent apportées à l'assiette de l'*eisphora* sous l'archontat de Nausinique, en 378-377. Un autre événement, très grave aussi, s'accomplit la même année : ce fut la formation de la ligue maritime, qui fut comme un retour passager à l'empire athénien du siècle précédent. Nul doute qu'il n'y ait une étroite connexité entre ces deux faits. Athènes voulut approprier ses ressources au rôle que paraissait lui présager la restauration de son ancienne hégémonie, et elle améliora ses finances en même temps qu'elle étendait son action extérieure.

Tout d'abord, les classes soloniennes disparurent. Ce n'est pas que les citoyens aient été désormais tous placés sur le même rang ; ils furent, comme auparavant, groupés en catégories ; mais le système de classement changea. En tête se trouvèrent ceux qu'on appela *les plus riches*, et qui furent un peu plus tard au nombre de 300 ; on ne sait pas quel était pour eux le chiffre exact du cens. Au-dessous venaient les individus qui étaient en état d'assumer certaines charges fort coûteuses, que l'on nommait les liturgies ; pour avoir accès parmi eux, il fallait posséder au moins 3 talens (17,682 fr.). Il y avait enfin la grande masse des citoyens, d'où se détachaient peut-être, en un dernier groupe, les pauvres qui n'avaient pas 2,000 drachmes (1,960 fr.) de capital. On remarquera qu'il ne reste plus là aucun vestige de l'époque où les distinctions sociales dépendaient de la possession du sol. Ces dénominations de zeugites, de cavaliers, de pentacosiomédimnes ont été abolies comme ne répondant plus à la réalité, et on n'a égard maintenant qu'à la richesse considérée dans son ensemble.

On continua de n'imposer qu'une partie de la fortune individuelle. Dans la haute classe, la proportion était du cinquième. Démosthène énonce comme un principe connu de tous que, dans ce cas, « une valeur imposable de 3 talens atteste un capital de 15 talens. » On a beaucoup discuté sur cette phrase ; on a mis tout en œuvre pour en tirer autre chose que ce qu'elle renferme ; mais les efforts tentés pour en dénaturer le sens, notamment ceux de M. Beloch, sont pitoyables, et il n'y a pas lieu de s'y arrêter. La seule difficulté qu'offre ce texte, c'est l'énormité de l'écart entre le capital imposable et le capital réel. D'ordinaire, une pareille réduction des quatre cinquièmes ne s'applique qu'aux classes inférieures, et, le plus souvent, les riches sont taxés pour l'intégralité de leur actif. L'anomalie tient à l'idée nouvelle que l'on se faisait au IVe siècle du capital imposable, ou, comme on disait, du *timèma*. Le *timèma* passait alors pour être toute la portion du capital que le citoyen mettait à la disposition de l'état. Dans la pratique, l'état n'en prenait qu'une petite fraction ; mais, théoriquement, il pouvait la prendre tout entière. En 378, on évalua la fortune publique de l'Attique ; on en déduisit tout ce qui devait être soustrait à l'impôt, et le reste, le *timèma*, donna le chiffre de 6,000 talens (35 millions). Ce fut là le capital imposable du pays, formé par l'addition des capitaux imposables de tous les citoyens. Or ces 6,000 talens étaient regardés comme la propriété de l'état. On les assimilait à la mise de fonds d'au banquier, et la comparaison eût été très inexacte, si l'état n'avait pas eu, au moins virtuellement, le droit d'y puiser à son gré. S'il en était ainsi, si le *timèma* était la part de toute fortune privée dont la société pouvait à tout moment exiger le complet sacrifice, il fallait que la marge fût assez grande entre la fortune et le *timèma*, même des riches ; car l'appauvrissement des particuliers est aussi nuisible à la société qu'aux particuliers eux-mêmes.

Un exemple, emprunté à l'histoire de Florence, fera mieux saisir ce procédé. Au XIVe siècle, il y avait dans cette ville une taxe dite l'*estimo*, et semblable à l'*eisphora* athénienne. Elle pesait sur la fortune de chaque citoyen, ou, selon l'expression consacrée, sur sa *substance* ; mais « on retranchait de cette substance les frais d'entretien du contribuable, et une certaine somme par tête pour les personnes à sa charge, comme les enfants, les commis, les domestiques, chacune de ces têtes étant censée représenter un capital qui a été longtemps fixé à 200 florins [9]. » Dans l'estimation du passif, on avait coutume de se montrer fort large. Un certain Rinuccini y inscrivit « sa personne et ses fils, les femmes de ses fils, dont une en couches, deux serviteurs, deux servantes, la nourrice, la femme de chambre, le jardinier et sa femme ; il ajouta qu'il avait des réparations à faire à ses maisons de Florence et du Comtat, et qu'il devait payer 200 florins par an à ses paysans pour provisions et cheptel, et 130 florins d'or à ses fermiers et commis [10]. » En somme, le capital net du citoyen, seul frappé d'impôt, était sa *surabondance*, c'est-à-dire son superflu, et le capital réel lui était bien supérieur. Le *timèma* était, pour ainsi dire, la *surabondance* des Athéniens.

Le rapport entre le capital imposable et le capital brut variait d'une classe à l'autre. Démosthène, voulant démontrer, contrairement à l'assertion de ses tuteurs, que son père lui a laissé une grosse succession, en fournit la preuve que voici. Ses tuteurs, quand ils ont déclaré l'état de ses biens, lui ont reconnu « une fortune assez considérable pour contribuer à raison de 500 drachmes sur 2,500. « Il ne saurait être question ici du taux de l'impôt, d'abord, parce que, loin d'être fixe, il changeait d'après les nécessités budgétaires, et, en outre, parce que les taxes acquittées par Démosthène, pendant toute sa minorité, demeurèrent fort au-dessous du chiffre qu'elles auraient atteint, s'il avait dû payer le cinquième de son *timèma*. Cette phrase fait donc allusion à la différence entre le capital imposable et le capital réel. Mais elle montre, par la même occasion, que le rapport du premier au second n'était du cinquième que pour les plus riches. Quel était-il pour les autres classes ? On l'ignore absolument, Böckh imagine à ce sujet tout un système d'habiles arrangements qui se résume dans le tableau suivant :

	Capital réel (max. et min.)	Proportion	Capital imposable
Ire classe	500 talens	20 0/0	100 talens
—	12 —	—	2 talens 2,400 drachmes
IIe classe	11 —	16 0/0	1 talent 4,560 —
—	6 —	—	5,700 —
IIIe classe	5 —	12 0/0	3,600 —
—	2 —	—	1,440 —
IVe classe	1 talent 1/2	8 0/0	720 —
—	2,500 drachmes	—	200 —

Par malheur, rien de tout cela ne se rencontre dans les documents. Nulle part on n'aperçoit que le cens minimum de la première classe fût de 12 talens, ni qu'il fût de 6 pour la deuxième, ou de 2 pour la troisième. Tout ce qu'on est en droit d'affirmer, c'est qu'un citoyen riche de 15 talens, comme Démosthène, figurait dans la première, et que la catégorie immédiatement inférieure ne descendait pas au-dessous de 3 talens. Quant à l'échelle des proportions, nous n'en connaissons que le degré supérieur, et on a vu que là le taux était de 20 pour 100. Pour prétendre que le second était de 16 pour 100, on s'est appuyé sur un texte d'où il résulte que ce taux était celui des étrangers ; mais pourquoi veut-on qu'il y en ait eu un pareil pour les citoyens ? Peut-être les contribuables du dernier degré n'étaient-ils inscrits qu'à raison du dixième de leur avoir. On nous raconte que les habitants de la colonie athénienne de Potidée, ayant voté une *eisphora*, attribuèrent aux plus pauvres une valeur imposable de 200 drachmes. Si l'on se rappelle, d'autre part, qu'à Athènes la classe la plus infime comprenait les hommes qui ne possédaient pas 2,000 drachmes, on trouvera peut-être dans le rapprochement de ces deux faits un argument à l'appui de l'opinion que j'énonce.

Y avait-il des citoyens que l'*eisphora* épargnait, comme jadis les thètes ? On pourrait induire d'une ligne d'Isocrate que les 1,200 individus dont l'avoir égalait au moins 3 talens y étaient seuls astreints. Cet auteur, en effet, a l'air dans ce passage d'identifier ceux qui supportent l'impôt sur le capital, et ceux qui ont le cens exigé pour les charges liturgiques. Mais, visiblement, il ne parle ici que des hommes sur qui pèse à la fois ce double fardeau, et il est possible que d'autres, moins fortunés, n'aient eu à subir que le seul fardeau de l'*eisphora*. Le langage de Démosthène serait souvent inintelligible, si la taxe n'avait frappé que 1,200 riches. Dans ses discours politiques, il développe sans cesse cette idée que les circonstances commandent aux Athéniens de servir eux-mêmes dans l'armée et de s'imposer des sacrifices d'argent. « Il faut, dit-il, vous appliquer à la guerre en y contribuant de vos deniers, et en prenant une part personnelle aux expéditions. » — « Montrez que vous avez changé de résolution par votre zèle à verser l'*eisphora*. » — « Puisque les recettes du budget se gaspillent en fêtes, il ne vous reste plus qu'à décréter une taxe sur chacun de vous. » Ces exhortations s'adressaient à l'assemblée du peuple, où les riches étaient en petite minorité, et il est clair que la foule se serait rangée plus vite à son avis, si la majorité qui décidait n'avait rien eu à payer. D'ailleurs, on trouve parfois la mention d'individus pauvres qui ont été soumis à cet impôt et qui ensuite ont eu beaucoup de mal à se libérer. La loi traçait pourtant une limite au-dessous de laquelle l'*eisphora* n'était plus perçue. Elle exemptait d'abord ceux qui ne possédaient rien. Un certain chiffre de fortune était même requis.

Quel était ce chiffre ? Böckh prétend qu'en 378 on adopta comme ligne de démarcation la somme de 2,500 drachmes (2.450 fr.). Il en découvre la preuve dans la phrase où Démosthène raconte que ses tuteurs déclarèrent son avoir « à raison de 500 drachmes sur 2,500. » Cette expression n'a de sens à ses yeux que si elle signifie qu'on ne commençait d'être contribuable qu'à partir de 2,500 drachmes ; sans quoi, on aurait dit : « à raison de 1 drachme sur 5. » Mais n'est-il pas possible que ce fût là une locution toute faite, comme il y en a également dans notre langue ? Quand on emploie chez nous les formules suivantes : « le sou du franc, au marc le franc, le 5 pour 100, » on parle aussi un langage de convention, ce qui ne les empêche pas d'être d'un usage courant. Au chiffre de Böckh, j'en substituerais volontiers un autre, plus voisin peut-être de la vérité. En 323, Antipater, gouverneur d'Athènes au nom du roi de Macédoine, décida qu'à l'avenir les droits politiques seraient le monopole des individus qui justifieraient d'une fortune de 2,000 drachmes au moins ; les autres, considérés comme une cause de troubles dans la cité, seraient, s'ils y consentaient, transplantés en Thrace, où on leur promettait des terres. Ce chiffre de 2,000 drachmes avait dû être jusque-là la ligne de partage entre la classe des pauvres et le reste des citoyens, et par suite la limite extrême où s'arrêtaient les percepteurs de l'impôt sur le capital. Si cette hypothèse est fondée, le nombre des contribuables au IVe siècle était de 9,000, et le nombre des exemptés de 12,000. Je ferai observer que le cens minimum des premiers avait été légèrement exhaussé en 378, puisque auparavant il descendait à 1,800 drachmes de fortune réelle. Une tendance pareille se manifeste partout, même dans les sociétés les moins démocratiques. En Angleterre, on n'affranchissait autrefois de l'*income-tax* que les revenus inférieurs à 2,500 francs ; aujourd'hui, la même faveur s'étend à tous ceux qui n'atteignent pas 3,750 francs ; et, pour tous ceux qui sont compris entre 8,750 francs et 10,000, on ne touche pas aux trois premiers mille francs. En Prusse, le nombre des personnes soustraites à la *Klassensteuer* a monté, dans ces dix dernières années, de 6 millions à 21 millions, et on projette de l'accroître encore [11].

Section IV

Tout impôt direct peut avoir deux caractères différents. C'est un impôt de répartition, si l'état axe d'abord la somme totale qu'il veut encaisser, puis la distribue entre les contribuables. C'est un impôt de quotité, « si le produit total de la taxe n'est pas connu d'une manière précise » au moment où on l'établit, et si chacun paie « une quote-part déterminée » de son revenu on de son capital [12]. L'*eisphora* athénienne paraît avoir été an impôt de répartition. Toutes les fois que les auteurs nous renseignent sur le montant de cette taxe, ils donnent des chiffres ronds, comme, par exemple, 60 ou 200 talens, ce qui ne s'accorde guère qu'avec le premier système. De plus, les termes dont se servent les lexicographes anciens pour désigner, soit le travail qui consistait à taxer les citoyens, soit les fonctionnaires chargés de ce soin, impliquent l'idée de répartition plutôt que de quotité.

D'ordinaire, quand il s'agit d'un impôt de répartition, l'autorité suprême de l'état se contente d'arrêter la somme qui sera due par chacune des grandes circonscriptions du pays ; dans celles-ci, les autorités locales procèdent de même à l'égard des districts secondaires ; et, de proche en proche, on finit par atteindre les individus. L'Attique était subdivisée en dèmes. Il eût été, semble-1-il, naturel de foire entre les dèmes une première répartition. Peut-être y aurait-on songé, si l'*eisphora* avait été un impôt foncier. Mais comme la matière imposable était ici le capital tout entier, et que d'ailleurs les domaines des particuliers, loin d'être d'un seul tenant, étaient généralement disséminés dans ; toute l'Attique, la loi exigeait que les déclarations des biens fussent apportées à la ville. C'est donc à Athènes qu'étaient réunies les matrices des rôles, et c'est là seulement que la répartition était possible. Au reste, la besogne n'était pas très compliquée, s'il- est vrai qu'il n'y eût pas plus de 9,000 contribuables.

Personne, parmi ceux qui avaient le cens voulu, n'échappait à l'impôt. La règle, sur ce point, était inflexible. L'exemple de Démosthène atteste que les enfants mineurs subissaient à cet égard la loi commune. Toute association qui possédait un bien indivis acquittait également la taxe. Quand une phratrie louait une terre, elle la cédait généralement au fermier, libre de toute charge, ce qui veut dire que l'impôt demeurait à son compte. Les dèmes eux-mêmes ne jouissaient à cet égard d'aucune immunité ; s'ils étaient propriétaires, ils payaient comme un simple citoyen. On ne respectait que le domaine de l'état, même s'il avait été donné à bail. C'est ainsi que les concessionnaires de mines déduisaient, de leur *timèma* le capital représenté par leurs exploitations.

Il est d'usage, chez les modernes, que les étrangers soient complètement assimilés aux nationaux pour tout ce qui touche à l'impôt, et cela est juste, du moment que la loi couvre les uns et les autres d'une égale protection. Les Athéniens se conformaient à ce principe. Tout étranger qui annonçait nettement l'intention d'établir son domicile en Attique, ou même qui y prolongeait son séjour, devait l'*eisphora*. Pour ces individus comme pour les citoyens, la déclaration servait de base à l'évaluation des biens, mais toujours sous le contrôle des magistrats, des particuliers et des tribunaux. La suprême ambition de beaucoup d'entre eux étant d'acquérir les droits civiques, la plupart affectaient à l'égard du peuple une générosité dont ils espéraient obtenir tôt ou tard la récompense. Une phrase, malheureusement trop vague, de Démosthène, donne à penser qu'il n'y avait pas pour eux de distinction de classes, et qu'ils payaient tous le sixième de leurs biens. Mais l'énormité de la taxe, même en supposant de grosses dissimulations, rend cette opinion suspecte, et l'on a dit que ce sixième indique la proportion entre le capital imposable et le capital brut. Il reste pourtant cette difficulté, que les étrangers considéraient comme une faveur d'être mis, quant à l'*eisphora*, sur le même pied que les Athéniens ; ce qui serait assez singulier, si pour les plus riches la proportion, dans ce cas, s'était élevée du sixième au cinquième. Peut-être ceux-ci jugeaient-ils que le sacrifice était peu de chose en comparaison des avantages qu'ils en retiraient. Être taxé aux mêmes conditions que les citoyens, c'était passer au rang d'*isotèle* et toucher presque au droit de cité. Le privilège n'était pas trop chèrement acheté par une augmentation fort légère de taxe. L'*eisphora* des étrangers, ou, comme on les désignait, des *métèques*, offrait encore une particularité. Il est probable qu'elle n'était pas toujours perçue dans les mêmes occasions que celle des citoyens, et que, sans être permanente, elle était parfois plus fréquente. On connaît deux individus qui, de 347 à 323, ont eu à l'acquitter chaque année, et les Athéniens, dans cet intervalle, ne furent pas astreints à la même obligation. Le produit en fut employé à réparer l'arsenal du Pirée et les loges des navires. C'était là une dépense d'ordre militaire, mais ce n'était pas proprement une dépense de guerre, et il est possible qu'on taxât de préférence les métèques quand il y avait lieu d'exécuter un travail de ce genre. D'ailleurs, on évitait alors de les surcharger ; dans l'exemple que je cite, la somme annuelle à recueillir n'était que de 10 talens (58,940 fr.). La répartition était faite par une commission formée d'étrangers, et sans doute élue.

L'impôt sur le capital fut d'abord perçu en régie. On ne discerne pas bien si les répartiteurs étaient simultanément percepteurs, ou s'il y avait des magistrats spéciaux pour chaque opération. Soit mauvaise volonté, soit insuffisance de ressources, les contribuables se montraient quelquefois récalcitrants. Mais la loi était fort sévère contre eux ; ils inspiraient au peuple une véritable colère, et on allait jusqu'à les traiter de voleurs. Très souvent leurs biens étaient confisqués et vendus aux enchères. Le plaidoyer de Démosthène *contre Androtion* abonde en détails curieux sur les rigueurs que déployaient les agents des poursuites. 0a en voyait qui s'introduisaient dans les maisons, accompagnés de ces commissaires de police qu'on appelait *les Onze* ; non contents de saisir le mobilier, ils arrêtaient les citoyens eux-mêmes et les traînaient en prison, à moins que les malheureux ne parvinssent à se cacher sous les lits ou à s'enfuir sur les toits. L'orateur condamne avec force ces excès, et les déclare illicites ; mais celui qui les commettait n'en était point puni. En revanche, l'homme qui se hâtait de porter son argent au percepteur méritait par là un utile certificat de civisme ; et s'il lui arrivait plus tard d'avoir quelque méchant procès, il n'oubliait pas de rappeler au jury telle circonstance où il avait été « un des premiers » à verser l'*eisphora*.

En 378, cette organisation fut profondément modifiée. Une institution nouvelle naquit alors, celle des *symmories*. Dans chacune des dix tribus, on choisissait 120 citoyens parmi les plus riches ; on les divisait en deux groupes, et chaque groupe de 60 noms était une symmorie ; il y en avait 20 pour la cité entière, avec un effectif de 1,200 personnes. Tout ce travail de classement était confié aux stratèges. Un certain chiffre de cens, probablement le cens liturgique de 3 talens, était exigé des symmorites. Comme il est douteux qu'il y eût toujours une concordance parfaite entre ce nombre de 1,200 et le nombre des Athéniens à 3 talens, on devait, selon que ceux-ci étaient trop ou trop peu, exclure des groupes quelques citoyens assez riches pour y entrer, ou, au contraire, les ouvrir à des citoyens d'un cens moindre. Quant à la masse des contribuables, on les rattachait apparemment à ces divers cadres d'après la tribu dont ils étaient membres. Chaque symmorie représentait, j'imagine, un capital imposable d'égale valeur, c'est-à-dire le vingtième des 6,000 talens qui constituaient le *timèma* de l'Attique entière. Par suite, dans toute *eisphora*, chacun aussi était taxé au vingtième de la somme à percevoir ; puis, la répartition se faisait dans l'intérieur des différentes sections. Le *président de la symmorie* avait-il dans tout cela un rôle actif ? On serait porté à le croire. Mais Démosthène eut ce titre pendant sa minorité, et il faudrait supposer que ses attributions furent exercées en son nom par ses tuteurs. Ce système fut peut-être bien ordonné au début ; à la longue, deux causes tendirent à le vicier. La richesse publique de l'Attique ne demeura pas stationnaire, et le chiffre primitif de son *timèma* cessa tôt ou tard d'être exact. Il eût fallu, par conséquent, renouveler de temps en temps le travail d'évaluation qu'on avait fait en 373, ou le tenir au courant. Les Athéniens négligèrent cette précaution, et pour eux le capital imposable du pays fut toujours de 6,000 talens. L'inconvénient, au fond, était sans importance, du moins pour ce qui est de savoir si la taxe était équitablement répartie ; seulement, la proportion entre le capital imposable et le capital brut varia désormais au gré des vicissitudes du second. Ce qui fut beaucoup plus grave, c'est que l'état réel des fortunes de chaque symmorie ne répondit plus bientôt à la statistique officielle. Les oscillations ordinaires de la richesse, surtout dans une société industrielle et commerçante, la ruine ou la prospérité des individus, la création de nouveaux citoyens, les partages des successions, furent autant de causes qui peu à peu rompirent l'équilibre établi d'abord entre les groupes, et l'on sentit, comme nous, la nécessité de procéder à la péréquation de l'impôt. Deux moyens s'offraient : on pouvait distribuer l'*eisphora* entre les symmories, non plus par fractions égales, mais au prorata du capital de chacune ; on pouvait aussi remanier périodiquement la composition de ces groupes, de manière à ce que leur *timèma* restât immuable. Lequel de ces deux moyens fut adopté ? Je présume qu'on préféra le second ; car il semble que les symmories ne fussent pas des cadres fixes, et qu'on les reformât assez fréquemment. On devine sans peine qu'il y en eut pour les métèques comme pour les citoyens.

L'ancien mode de perception dura jusqu'en 362. Cette année-là, les Athéniens furent assaillis par de sérieux embarras. Un tyran de Thessalie, Alexandre de Phères, leur enleva l'île de Ténos. Un prince de Thrace, s'étant révolté contre le roi du pays, sollicita leur appui, sous promesse de conquérir pour eux la Chersonèse (aujourd'hui presqu'île de Gallipoli). Les Proconnésiens, leurs alliés, imploraient en même temps des secours contre Cyzique, qui les assiégeait. Enfin, les navires qui étaient allés charger du blé dans le Pont-Euxin craignaient d'être saisis au passage, avec leurs cargaisons, par les gens de Byzance et de Chalcédoine, si bien que le grain devenait rare et cher au Pirée. Pour tenir tête à toutes ces difficultés, on décréta une *eisphora*, et, comme il fallait avoir cet argent sans délai, on dressa une liste de citoyens qui seraient contraints d'en faire l'avance à l'état. On se trouva bien de cette mesure, et, depuis lors, ce qui n'avait été d'abord qu'un expédient fut la règle. Sur les 1,200 citoyens classés dans les symmories, les plus riches, au nombre de 300, furent astreints au service de la *proeisphora*, c'est-à-dire que, dans tous les cas où l'on votait une taxe sur le capital, ils versaient immédiatement au trésor la somme totale, sauf à la recouvrer ensuite sur les contribuables. Ce système procurait à la cité le double avantage de mettre aussitôt dans ses caisses le produit intégral de l'impôt, et de lui épargner à la fois les ennuis et les frais de la perception en régie. C'était là, en revanche, pour un particulier, une corvée fort désagréable, d'autant plus qu'elle se traduisait souvent par des pertes d'argent. On pouvait, il est vrai, s'adresser aux tribunaux pour se faire rembourser ; mais la ressource était très précaire, étant données les dispositions traditionnelles du jury athénien à l'égard des riches. Il y avait d'ailleurs des situations qui commandaient l'indulgence. Un individu honnête et de condition aisée se ruinait brusquement ; quelle voie de rigueur employer contre lui, s'il était insolvable ? En autre tombait aux mains de l'ennemi, et rachetait sa liberté au prix d'une grosse rançon ; était-il humain de le poursuivre après tant de souffrances et de sacrifices ? Le pis est qu'un citoyen, même appauvri, ne pouvait secouer cette servitude qu'après avoir découvert quelqu'un qui fût en état de le remplacer. Si ce dernier refusait de se prêter à cette substitution, un procès avait lieu devant le jury. Le tribunal examinait lequel des deux adversaires était le plus riche. S'il se prononçait pour le demandeur, le défendeur avait le choix entre deux alternatives : il était libre de se soumettre au devoir civique, à la liturgie, qu'il avait déclinée, ou bien il échangeait sa fortune contre celle de son rival, qui restait chargé de la *proeisphora*. Généralement on s'arrêtait au premier parti.

Section V

Cette étude serait incomplète, si nous ne recherchions, en terminant, quelle était la place exacte de l'impôt sur le capital dans le système financier des Athéniens.

Pendant la guerre du Péloponnèse, cette taxe n'eut peut-être rien d'excessif, tant que la confédération maritime subsista. Mais, du jour où l'empire d'Athènes se disloqua après l'échec de l'expédition de Sicile, et où, par conséquent, les subsides des alliés manquèrent, le salut, public exigea que l'on prît l'argent là où il y en avait, c'est-à-dire dans la poche des riches et des gens aisés. De là les plaintes, si souvent renouvelées par les contemporains, sur l'énormité de l'impôt. Elles n'étaient point exagérées, si l'on en juge par l'exemple de cet individu qui, vers 410, eut à payer un demi-talent (2,947 fr.) et peu après deux tiers de talent (3,920 fr.). Une réserve pourtant est ici nécessaire. Pour mesurer avec précision l'étendue des sacrifices que l'état réclame des citoyens, il faut avoir égard non pas au capital, même quand c'est lui qui est taxé, mais au revenu, car c'est sur leur revenu que les particuliers prélèvent leurs contributions. Or, à Athènes, le capital était plus productif que chez nous. En France, le taux des fermages, pour les terrains de première catégorie, est d'environ 3 1/2 pour 100 ; en Attique, le rapport ordinaire entre la valeur vénale de la terre et le prix de fermage était de 8 pour 100. L'industrie donnait couramment un bénéfice net de 8 à 9 pour 100, qui dépassait même 12 pour 100 dans les exploitations minières. Quant à l'intérêt de l'argent, il variait entre 10 et 18 pour

100, et, s'il y avait des risques, comme dans les prêts maritimes, il montait jusqu'à 30 pour 100. L'*eisphora* aurait donc pu, sans trop d'inconvénients, être le double ou le triple de ce qu'est l'impôt sur le capital dans les sociétés modernes, d'autant plus que les impôts indirects étaient fort légers.

En 428, quand on l'établit, elle n'entrait que pour un huitième dans le budget total des recettes. Cette proportion ne dut pas beaucoup changer ultérieurement ; car, si jamais on demanda plus de 200 talens au capital, il ne faut pas oublier que les tributs des alliés suivirent une progression parallèle. Plus tard, au moment des désastres et des défections, lorsque cette source de revenus tarit, le déficit ne fut pas comblé par le seul accroissement de l'*eisphora* ; on créa peut-être aussi des taxes nouvelles sur les marchandises. Après la paix, et durant tout le cours du IVe siècle, l'impôt sur la fortune ne fut perçu qu'à des intervalles parfois assez longs, et toujours par petites sommes. Dans les vingt années qui succédèrent à la réforme de 378, on leva en tout un peu plus de 300 talens (1 million 768,000 fr.). Soixante talens étaient, semble-t-il, le chiffre normal. Démosthène, en tout cas, assure que les Athéniens n'auraient point consenti à en payer 500 de ce chef. Or, à cette date, le budget oscillait entre 1,500 et 1,600.

C'est une opinion assez répandue parmi les économistes que l'impôt sur le capital doit être modéré, et fournir seulement une faible portion des ressources fiscales. Il serait absurde, d'après eux, « d'en faire une des branches principales du revenu de l'état. » l'*eisphora* parait, au premier abord, avoir ce caractère ; elle paraît bien être « ce bouche-trou, cet en-cas [13], » qui a pour but de subvenir aux besoins accidentels du trésor par un supplément passager de recettes. Mais ce n'était là, d'autre part, qu'une des charges qui atteignaient directement le capital. Celui-ci était encore tenu aux prestations fort dispendieuses des liturgies. L'état athénien avait pour principe de rejeter sur les particuliers certaines dépenses qui lui incombaient. Fallait-il célébrer une fête, représenter une tragédie, régaler la multitude dans un banquet gratuit, armer une flotte, ce n'était pas l'état qui donnait les fonds, c'étaient un ou plusieurs citoyens riches. On n'avait pas la faculté, quand on possédait la fortune voulue, de fuir cette obligation ; on devait même aller au-devant. On savait gré à l'homme qui faisait à cet égard les choses largement, et l'on avait mauvaise opinion de celui qui lésinait ou qui tâchait de se dérober. « Par quels moyens espères-tu gagner la faveur des juges ? disait un plaideur à son adversaire ; as-tu accompli de nombreuses liturgies ? t'es-tu imposé, dans l'intérêt public, de gros sacrifices d'argent ? as-tu été triérarque en temps de guerre ? as-tu apporté au trésor des contributions considérables ? Non, tu n'as rien de tout cela à ton actif. » Quel avantage, en revanche, lorsqu'on pouvait se rendre ce témoignage qu'on s'était appauvri ou ruiné pour la cité ! Le cas n'était pas aussi rare qu'on le croirait. Dans l'espace de quelques années, un individu, du nom d'Aristophane, ne consacra pas moins de 25,000 francs à ses liturgies. En sept ans, elles coûtèrent à un autre près de 55,000 fr. Il y en eut même un qui dépensa, « en vue de la guerre », la somme incroyable de 471,000 francs, c'est-à-dire toute sa fortune. La loi, sans doute, n'était pas si exigeante ; mais qu'importe au fond, si les mœurs renchérissaient sur elle ? Il serait curieux de reconnaître quelle était, dans le chiffre des impôts directs de chaque exercice, la part des liturgies et celle de l'*eisphora*. Le calcul n'est possible que pour un petit nombre de particuliers, et il conduit à cette conclusion que la première de ces charges était beaucoup plus lourde que la seconde. Si on les additionne l'une à l'autre, on constatera que les taxes sur le capital étaient plus qu'un appoint dans le budget athénien, et qu'elles en formaient peut-être, du moins par intervalles, la ressource la plus abondante.

L'*eisphora* ne répond pas davantage à l'idée qu'on se fait de l'impôt sur le capital, lorsqu'on le considère comme a une taxe de compensation, destinée à rétablir la justice dans un système fiscal, et à demander aux classes aisées et riches un supplément de contributions, parce que ces classes ont été trop ménagées par les impôts indirects [14]. » Les impôts indirects étaient peu de chose à Athènes. Ils consistaient en un droit de port, un droit de marché, un droit de douane, tous perçus d'après un tarif tellement faible, qu'ils ne produisaient pas plus de 60 à 70 talens. L'*eisphora*, jointe aux liturgies, est bien plutôt une confiscation déguisée d'une partie de la fortune individuelle. Obéissait-on déjà aux mobiles qui poussent les socialistes modernes à préconiser les taxes analogues ? Croyait-on que le contribuable doit payer, a non pas en proportion de ses facultés, mais en raison inverse des difficultés de la vie ? » Allait-on même plus loin, et pensait-on que l'impôt doit avoir pour objet de niveler les conditions, d'atténuer les inégalités sociales, de modifier enfin la répartition des richesses ? Il n'est pas aisé de pénétrer les sentiments véritables des Athéniens sur ce point. On devine pourtant que leur système financier, du moins à l'époque démocratique, reposait sur la doctrine dont s'inspire chez nous le socialisme, » La conséquence immédiate des principes de l'école socialiste, dit M. Léon Say, c'est qu'il y a dans les ressources de l'humanité un superflu qui peut être employé à l'impôt, c'est que le monde vit d'un produit brut, qu'il y a en dehors de ce produit brut un produit net, dont la propriété peut être revendiquée par la société tout entière, » et que l'on peut affecter a aux dépenses d'utilité publique [15]. » Les Athéniens n'avaient-ils pas cette conviction, lorsqu'ils se figuraient que le capital imposable des citoyens était un fonds où l'état avait le droit de plonger les mains à son gré ? Le *timèma* était aussi pour eux un superflu dont la nation était autorisée à s'emparer et à user suivant son bon plaisir. Ils le faisaient servir non-seulement aux besoins de la guerre, mais encore aux réjouissances de la foule. Les pauvres s'amusaient toute l'année aux frais des riches, et ceux-ci s'évertuaient à leur procurer des distractions variées. Il y avait là une exploitation réelle de la haute bourgeoisie par la classe populaire, et le pamphlet intitulé : *le Gouvernement d'Athènes* prouve qu'elle était préméditée.

Parmi toutes ces charges, c'était peut-être l'*eisphora* que l'on supportait avec le plus d'impatience. Un homme qui équipait une belle trière ou qui organisait un magnifique spectacle en était récompensé au moins dans son amour-propre. Pendant quelque temps, la cité avait les yeux sur lui ; son nom courait de bouche en bouche ; on célébrait à l'envi sa générosité, son patriotisme ; et il recevait en plein visage des compliments qui flattaient sa vanité. Pour l'*eisphora*, rien de pareil. On allait chez le percepteur ; on en revenait léger d'argent ; et personne ne s'en doutait, personne ne songeait à exalter cet acte de désintéressement. Le sacrifice n'avait pour témoin qu'un agent du fisc, lequel avait autre chose à foire que de féliciter les contribuables. Le poids de l'impôt en était singulièrement aggravé, et il paraissait plus agréable de vider sa bourse par la voie liturgique.

Quelle que fut d'ailleurs la route que prenaient les drachmes, on ne s'apercevait que trop de leur fuite, et c'était là un sujet de perpétuelles lamentations. Même à travers le langage de ceux qui se vantent d'avoir outrepassé leurs devoirs, on sent percer le regret que le fardeau ait été si accablant. Quand on était plus sincère ou moins timoré, on se plaignait d'être écrasé par un pareil fardeau, et Socrate exagérait à peine, lorsqu'il s'écriait que tous ces ennuis rendaient l'existence de l'homme riche plus misérable que celle du pauvre. La démocratie athénienne avait cru peut-être fort habile de distribuer les charges publiques de telle manière que la classe inférieure fût presque entièrement exemptée, que les gens aisés fussent taxés modérément, et que le poids tombât lourdement sur les citoyens qui avaient les plus grosses fortunes. En réalité, ce calcul semble avoir été une grave erreur. Qu'on laisse de côté, si l'on veut, toute considération de justice ; qu'on néglige même d'examiner si cette hostilité latente ou déclarée contre le capital n'était pas en somme une cause d'appauvrissement pour la société. A n'envisager que les conséquences politiques du système, il est manifeste qu'il n'en sortit pas d'heureux fruits.

Rien ne fut plus funeste à Athènes que les discordes dont elle fut troublée vers la fin de la guerre du Péloponnèse. Alors que l'union de tous eût été indispensable pour lutter avec chance de succès, une faction se forma, dont l'unique souci était de détruire le régime démocratique et de conclure la paix. Sa composition même nous éclaire sur la nature de ses griefs. Elle se recruta exclusivement parmi les riches, c'est-à-dire parmi ceux qui souffraient le plus des ravages de la guerre et de l'excès des dépenses. Atteints dans leurs intérêts matériels par les fautes du parti dominant, ces hommes unirent par entrer en hostilité ouverte contre, les institutions nationales, et se firent, volontairement ou non, les complices des Lacédémoniens. Les iniquités fiscales tuèrent en eux l'esprit de loyalisme et affaiblirent leur patriotisme. Ils réussirent à opérer une révolution qui leur livra le pouvoir ; mais ils ne le gardèrent que quelques mois. Ce fut là une suite d'événements désastreux pour Athènes. Ils dévoilèrent et accrurent encore l'état d'anarchie morale où se débattait la république ; ils irritèrent les haines qui divisaient les citoyens ; ils ajoutèrent aux préoccupations militaires, qui auraient dû être les seules du moment, celles qui naissent de la peur des complots ; et ils montrèrent à Sparte qu'elle avait des alliés secrets jusque dans le camp de ses adversaires. Leur connivence ne lui fut pas inutile, lorsqu'elle asséna les derniers coups à sa rivale. On n'a qu'à lire, dans l'*Histoire grecque* de M. Curtius, les intrigues des oligarques, de ce parti « peu nombreux, mais compact, qui ne tenait pas à l'indépendance de la cité, et qui s'entendait avec les Lacédémoniens, parce qu'il avait besoin d'eux pour établir sa domination) sur les ruines de la démocratie. » C'est lui qui travailla à décourager le peuple et à lui ôter toute espérance ; c'est lui qui traita avec Lysandre, le général ennemi ; c'est lui qui, après la paix, reçut du vainqueur la mission de gouverner Athènes. Son rôle dans ces tristes circonstances fut odieux ; mais un régime qui suscite contre lui d'aussi vives animosités n'est pas non plus à l'abri de tout reproche.

La démocratie fut bientôt restaurée, sans devenir beaucoup plus sage, surtout en matière d'impôts. Elle ne fut plus menacée dans la suite ; mais un vice nouveau se glissa dans l'état. Sauf de très rares exceptions, les Athéniens semblèrent désormais se replier sur eux-mêmes, et renoncer à prendre aucune initiative hardie au dehors. Ils eurent une politique timide, hésitante, et l'on sait combien il fut difficile à Démosthène de secouer leur apathie. On aurait tort de rattacher ce changement à une cause unique ; il s'explique toutefois, en grande partie, par leur répugnance à payer de leur personne et de leur bourse. « Jadis, disait l'orateur, vous avez défendu contre Lacédémone les intérêts du monde hellénique ; vous étiez empressés alors à acquitter l'*eisphora* et à vous enrôler, tandis qu'aujourd'hui, quand vos intérêts propres sont en jeu, vous reculez devant tout sacrifice pécuniaire, et vous hésitez à partir en campagne. » Ces paroles, qu'il répète plus d'une fois, nous livrent le secret de leur mollesse. Toute action énergique à l'extérieur entraînait des dépenses qui ne pouvaient être couvertes que par des saignées faites au capital de chacun, et les Athéniens, pour préserver leur fortune contre tout appel de fonds, évitaient les occasions de dépenses. Il ne fallait rien moins que l'imminence d'une catastrophe pour les y décider ; car, dans ce cas, on n'avait que le choix entre la perte totale et une diminution partielle des biens. En temps ordinaire, on se rangeait, par économie, aux principes de l'école de Manchester. On se confinait alors dans une espèce de recueillement où l'on ne songeait guère à réparer ses forces ; on s'abandonnait au *far-niente* des peuples en décadence ; on rétrécissait de plus en plus son horizon ; on obéissait aux suggestions égoïstes d'une politique à courtes vues qui s'interdisait d'interroger l'avenir, et tout cela venait, dans une large mesure, des défauts de l'organisation financière. L'impôt sur le capital, créé au cours même des hostilités contre Sparte, avait incliné les riches vers la paix et les avait poussés à l'insurrection. Au IVe siècle, il ne compromettait pas la tranquillité intérieure ; mais, en rendant plus sensibles aux contribuables les charges militaires, il inspira aux Athéniens une telle horreur de la guerre, qu'ils ne se risquèrent à combattre Philippe de Macédoine qu'au moment où il était trop tard pour triompher de lui.

Notes

1. Lysias, Contre Nicomaque, 22.

2. Corpus inscriptionum Atticarum, II, 334.

3. L'unité de mesure pour les grains était le médimne (52 lit 53) ; pour les liquides, le métrète (39 lit. 39).

4. Certains textes remplacent ce chiffre par celui de 200 mesures. Je crois, avec Böckh, qu'ils commettent une erreur. (Cf. Démosthène, Contre Macartatos, 54.)

5. Isée, de Hagniœ hereditate, 42. Cf. Statistique agricole de la France (Nancy, 1887), p. 379.

6. Hermès, IX, p. 246.

7. Roscher, Traité d'économie politique rurale (traduction Vogel), p. 131-133.

8. Bulletin de statistique du ministère des finances, mai 1886, p. 570.

9. Léon Say, les Solutions démocratiques de la question des impôts, I, p. 213-214.

10. Ibid., p. 220.

11. Bulletin de statistique, mai 1886, p. 558.

12. P. Leroy-Beaulieu, Traité de la science des finances (4e édition), I, 321.

13. P. Leroy-Beaulieu, Traité de la science des finances, I, 219.
14. P. Leroy-Beaulieu, Traité de la science des finances, I, 442.
15. Les Solutions démocratiques de la question des impôts, I, 147.

ISBN : 978-1724810106

www.ingramcontent.com/pod-product-compliance
Lightning Source LLC
Chambersburg PA
CBHW070943220526
45469CB00007B/2491